# L'AMNISTIE

## Du 14 Août 1869

## DANS SON PRINCIPE

### ET

## SON APPLICATION AU CRIME DE COMPLOT

## POLÉMIQUE

PAR

## EUGÈNE LISBONNE

AVOCAT, ANCIEN BATONNIER DU BARREAU DE MONTPELLIER.

MONTPELLIER

TYPOGRAPHIE DE BOEHM & FILS, IMPRIMEURS-ÉDITEURS

Place de l'Observatoire.

1869

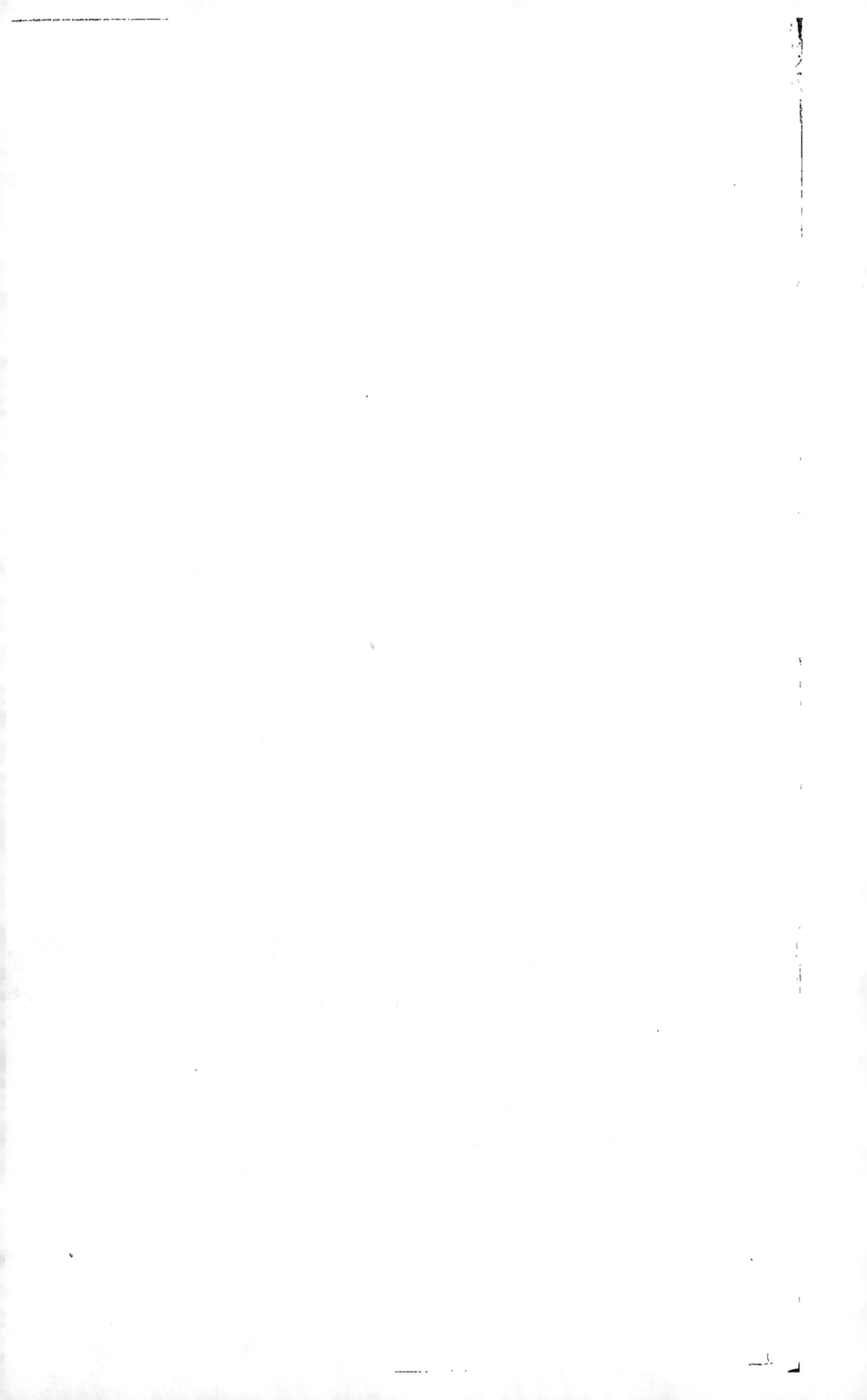

# L'AMNISTIE DANS SON PRINCIPE

---

« Voulant, par un acte qui réponde à nos
sentiments, consacrer le centenaire de la
naissance de Napoléon I<sup>er</sup>,
» Avons décrété et décrétons ce qui suit. »
*(Préambule du décret du 14 août.)*

Dès la promulgation du décret d'amnistie, on s'est
demandé quel a été le but de cette haute détermination.

Il nous semble que l'objectif de la pensée qui l'a dicté
a moins été un but à atteindre qu'une nécessité politique
à constater.

Aussi bien, le décret n'invoque ou n'évoque le centenaire que pour en consacrer le souvenir, et non pas pour
en faire le mobile du décret lui-même.

Ce n'est pas au 15 août 1769 que nous le devons, c'est
au 15 août 1869, ou plutôt aux 23 et 24 mai et aux 5
et 6 juin.

L'amnistie est le plus souvent un effet général de causes
générales ; c'est ce qui la distingue et l'élève au-dessus
des actes isolés de clémence intime et personnelle.

Elle se confondrait autrement avec la grâce, et rien n'est moins analogique.

L'amnistie diffère de la grâce dans son essence et ses résultats.

Dans son essence, car on s'est demandé longtemps si le droit d'amnistie ne devait pas être un attribut du pouvoir législatif.

Sous les assemblées constituante et législative de 1791, ce sont elles qui, en légiférant, décrétèrent les amnisties des 14-15 septembre 1791[1], 23 septembre et 2 octobre suivants, 26 et 28 mars 1792[2], 18 janvier de la même année[3], et d'autres encore.

A la suite de ces assemblées, c'est la Convention qui

---

[1] L'Assemblée, « considérant que l'objet de la révolution française a été de donner une constitution à l'empire, et qu'ainsi la révolution doit prendre fin au moment où la constitution est achevée et acceptée par le roi, statue sur quatre points principaux : 1º Elle ordonne que toutes procédures instruites sur des faits relatifs à la révolution, quel qu'en soit l'objet, et tous jugements intervenus sur semblables procédures, sont irrévocablement abolis ; 2º elle décrète une amnistie générale en faveur de tout homme de guerre prévenu, accusé ou convaincu de délits militaires, à compter du 1er juin 1789 ; 3º elle décide qu'il ne sera plus exigé aucune permission ou passeport, dont l'usage avait été momentanément établi, et que tout citoyen a droit de voyager librement dans le royaume, et d'en sortir à volonté ; 4º elle révoque le décret des 1er et 16 août 1791 sur les émigrants. » Ce décret fut adopté sur la proposition de Lafayette, dans la séance où Louis XVI vint renouveler son acceptation de la constitution.

[2] Ces amnisties étaient relatives aux crimes et délits relatifs à la révolution du Comtat Venaissin.

[3] L'Assemblée nationale décrète que tous ceux qui, pour faits d'émeute et de révolte, ont été enfermés, bannis ou condamnés aux galères depuis le 1er mai 1788, seront incessamment délivrés.

Cette amnistie, décrétée le 30 septembre 1792, fut donnée, à Paris, en loi, le 18 janvier 1792, le jour même où fut également donnée l'organisation des tribunaux criminels, institués par l'Assemblée nationale.

décréta les amnisties des 16 juin 1793[1], 8-9 frimaire an II[2], 12 frimaire an III[3], 4 frimaire an IV[4].

[1] La Convention nationale… décrète que les prisonniers qui ont été élargis dans les journées des 2 et 3 septembre derniers, ne pourront point être poursuivis pour les mêmes faits qui avaient donné lieu à leur détention ; et que ceux qui ont été arrêtés pour ces mêmes faits seront mis en liberté, à l'exception néanmoins des prévenus d'assassinat, de vol avec effraction, de faux brevets au nom de la nation, de fabrication de faux assignats et monnaie, et de conspiration contre la sûreté intérieure et extérieure de l'Etat.

[2] Amnistie pour insurrection populaire provoquée par l'accaparement et l'augmentation du prix des denrées.

[3] La Convention nationale….. décrète : Art. 1er. Toutes les personnes connues dans les arrondissements des armées de l'Ouest, des côtes de Brest et des côtes de Cherbourg, sous le nom de *rebelles de la Vendée*, qui déposeront leurs armes dans le mois qui suivra le jour de la publication du présent décret, ne seront ni inquiétées ni recherchées dans la suite pour le fait de leur révolte.

Dans la proclamation qui suivait ce décret, la Convention faisait cet appel patriotique. — « Revenez tous ; que les foyers de chacun de vous reviennent sûrs et paisibles, que l'abondance renaisse, que les champs se cultivent, que les communications se rétablissent : ne songeons plus qu'à nous venger ensemble de l'ennemi commun, de cette nation implacable et jalouse qui a lancé parmi nous les brandons de la discorde : que l'énergie républicaine se dirige tout entière contre les violateurs des droits de tous les peuples. Que tout s'anime dans nos ports, que l'océan se couvre de corsaires, et qu'une guerre à mort passe ainsi, avec tous ses fléaux, des bords de la Loire aux bords de la Tamise. »

Trois jours auparavant, par un des contrastes dont les grandes assemblées semblent ne pas se douter, et dont la postérité s'étonne en les admirant, la Convention désignait les membres des jurys des concours de peinture, sculpture, architecture, qu'avaient institués les arrêts du Comité de Salut public des 5, 12 et 28 floréal.

[4] Le 4 brumaire an IV, — le lendemain du jour où la Convention avait décrété le code des délits et des peines, œuvre de Merlin, elle amnistiait les faits relatifs à la révolution.

Elle faisait plus : pacifiant l'avenir, elle donnait la première l'exemple de l'abolition de la peine de mort.

Sous les anciens rois, les lettres d'amnistie étaient
scellées du grand sceau comme les actes législatifs ( Ord.
1670, tit. xvi, art. 5 ) ; tandis que les lettres de ré-
mission, d'abolition particulière... étaient expédiées dans
les chancelleries des Cours de parlement. (Déclaration du
22 novembre 1683. )

Sous le Consulat, sous l'Empire et les deux monarchies
qui les ont suivis, le pouvoir exécutif a sans doute, et en
fait, décrété des amnisties ; mais la controverse protestait
et soutenait qu'amnistier, c'était légiférer. En ce sens
s'étaient prononcés Dupin (*Encyclopédie du droit* v° AM-
NISTIE) et Carnot (*Introduction au Code pénal*, n° 14). L'usage
passait à côté de la controverse, mais non sans se préoc-
cuper de ses protestations, que le pouvoir exécutif cher-
chait à satisfaire, à sa manière, en leur répondant : A défaut
de texte spécial, vous auriez peut-être raison, *l'amnistie
ne peut être accordée que par une loi*; mais voici un texte
tout exprès et que je fais moi-même.

C'est ainsi que l'acte additionnel, dans son art. 57, édic-
tait : « L'empereur a droit de faire grâce, même en matière correctionnelle, et *d'accorder des amnisties*. »

L'acte additionnel avait revu l'édition de la Charte de
1814, dont l'art. 67 se bornait à dire : « Le roi a le droit de
faire grâce et de commuer les peines. » Aussi Louis XVIII,
après sa réintégration, peu convaincu de la perfection de
l'acte additionnel, soumit-il, par un mouvement de syn-

---

Art. 1. « A dater du jour de la publication de la paix générale, la peine
de mort sera abolie dans la République française. »

Trois jours après, la Convention cessait de vivre; elle terminait ainsi son
œuvre !

L'abolition de la peine de mort fut son glorieux testament.

dérèse, au pouvoir législatif le projet d'amnistie qui devint la loi du 12 janvier 1816.

Si la Charte de 1814, pas plus que celle de 1830, ne s'est approprié l'art. 57 de l'acte additionnel, la première par voie d'amendement, la seconde par voie d'imitation, il n'en a pas été de même des constitutions qui nous régissent.

Celle du 14 janvier 1852 s'était bornée à dire : « Art. 9. Le président de la République a le droit de faire grâce. » Le sénatus-consulte du 25 décembre de la même année abroge alors l'art. 9, et il le remplace par l'art. 1er : « L'empereur a le droit de faire grâce et d'accorder des amnisties. »

Il a donc fallu des textes pour consacrer la dévolution du droit d'amnistie au pouvoir exécutif.

Est-il moins vrai de dire que l'essence de l'amnistie est de légiférer?

L'amnistie n'est donc pas l'expression spontanée d'une inspiration personnelle.

A la différence de la grâce, qui fait acte de sentiment, l'amnistie fait acte de raison.

La grâce, c'est de la générosité ;

L'amnistie, c'est de la politique.

La grâce, c'est œuvre d'homme privé ;

L'amnistie, c'est œuvre d'homme d'État.

C'est moins encore, à un point de vue général et en dehors de toute application, de la magnanimité que du coup d'œil.

Que fait l'amnistie? elle constate une situation dont elle n'est qu'un des résultats rationnels, impérieux.

Aussi, dans ses effets, elle diffère encore de la grâce ou de la commutation.

Et c'est, soit dit en passant, ce que certains esprits n'aperçoivent pas suffisamment, quand ils supposent que l'amnistie peut se décliner.

Non, l'amnistie ne se propose pas, elle s'impose ! elle n'a pas été sollicitée, elle ne peut être refusée.

L'amnistie, c'est l'oubli.

L'acte souverain qui décrète l'amnistie dit deux choses : « — J'oublie, — oubliez ! » Quelquefois, dans sa pensée, il donne plus qu'il ne reçoit ; souvent il reçoit plus qu'il ne donne, selon qu'il a ou que l'on a à oublier davantage.

Voilà pourquoi l'amnistie ne peut provoquer ni la reconnaissance ni l'ingratitude.

Elle ne peut provoquer absolument que les réflexions du politique ou les méditations du penseur.

Comment engagerait-elle la reconnaissance de l'amnistié poursuivi, qu'elle prive du droit de faire constater son innocence absolue, et qui ne se trouve absous que par des motifs d'oubli collectif?

Comment engagerait-elle la reconnaissance de l'amnistié condamné, qui, puisant dans sa conscience la conviction de son bon droit, tient à honneur intime de retremper sa conviction dans une expiation imméritée, et dont on lui refuse la virile consolation?

Se figure-t-on bien Socrate amnistié ?

Voilà pourquoi dans ses effets l'amnistie est, à proprement parler, plus exorbitante que la grâce.

« On reçoit plus et on est moins redevable dans une amnistie ; dans une grâce, on reçoit moins et on est plus redevable. La grâce s'accorde à celui qui a été certainement coupable ; l'amnistie, à ceux qui ont pu l'être.» (De Peyronnet : *Pensées d'un prisonnier*, liv. 4.)

L'antithèse aurait été plus exacte si elle avait rendu cette pensée, que l'amnistie est imposée plus encore qu'elle n'est accordée.

Cette réserve faite, il en est une autre, c'est que l'amnistie accorde moins que la grâce, ainsi qu'on l'a fait justement remarquer (Duvergier, *Coll. des Lois*, t. 37, pag. 117); car la grâce remet la peine, et l'amnistie remet la poursuite. La poursuite pouvant aboutir à un acquittement, l'amnistie n'a rien remis dans ce cas-là; au contraire. — Elle n'a rien donné, elle a pris.

A cela près, l'auteur des *Pensées d'un prisonnier* est dans la vérité absolue, quand il ne veut pas que l'on confonde la grâce et l'amnistie, et qu'il réduit à sa juste valeur ce dont l'amnistié est redevable.

Ces observations acquièrent encore plus de force quand il s'agit d'amnistie politique.

Dans la sphère élevée où se meut le décret *d'oubli*, il ne peut être véritablement question de reconnaissance ou d'ingratitude.

Ce décret a l'essence d'une loi.

La loi exclut l'individualisme.

Ce serait la rabaisser que de prêter assez d'égoïsme au législateur, pour supposer qu'il a compté, en légiférant, sur la reconnaissance des uns, et protesté d'avance contre l'ingratitude des autres.

Non, il a dit tout simplement à tous : J'ai le droit de dire : je veux ; or, je veux que le passé soit effacé, et je l'efface.

## II

# L'AMNISTIE DANS SON APPLICATION

« Amnistie pleine et entière est accordée
pour toutes condamnations prononcées ou
encourues jusqu'à ce jour, à raison : 1° de
crimes ou délits politiques. » (Décret du 14
août, art. 1er.)

» On a examiné dans quelques journaux la
question de savoir si l'amnistie accordée par
le décret du 14 août était applicable aux in-
dividus condamnés pour complot ayant pour
but un attentat contre la vie de l'Empereur.
La même question s'est présentée en 1859 ,
et elle a été résolue négativement. On avait
réclamé , à cette époque, la mise en liberté
de plusieurs condamnés.

» Quelques-uns d'entre eux furent l'objet
de grâces accordées individuellement ; mais
l'amnistie ne leur a point été appliquée, par
la raison qu'on n'a jamais assimilé à des faits
exclusivement politiques ceux qui avaient
pour but l'assassinat, soit de l'Empereur, soit
de tout autre personnage politique. »

(*Journal officiel* du 26 août.)

A la suite de cette note du *Journal officiel*, on a le droit
d'être surpris. La forme et le fond étonnent également.

En la forme, cette solution sommaire, qui tranche ainsi
une question de droit public en quelques mots, par une
sorte d'assimilation rétrospective plus ou moins vérifiée,
se ressent un peu trop du *Sit pro ratione voluntas*.

Au fond, elle oublie trop dédaigneusement qu'en cette matière il n'y a, dans le silence des décrets, de décisions valables que celles des tribunaux.

L'amnistie est une délibation du pouvoir législatif ; ce n'est pas un acte d'administration, et l'autorité judiciaire en applique seule les effets légaux, comme seule elle en détermine la portée et l'étendue.

Où sont donc les jugements ou arrêts qui ont résolu négativement la question, en 1859 ?

Où sont-ils ?

Nous n'en connaissons pas.

Le pouvoir exécutif a pu, en 1859, prendre telle ou telle détermination, établir des catégories et faire intervenir le droit de grâce là où ne devaient se réaliser que les effets de l'amnistie, soit ; mais ce ne sont pas là des précédents qui puissent faire jurisprudence.

Le débat est essentiellement judiciaire.

Il est du domaine des magistrats et des jurisconsultes.

Quand le journal le *Public* a dit : « *Nous répétons que la question morale l'emporte, à notre avis, sur tout le reste : celle de savoir si M. Ledru-Rollin optera pour le bénéfice de l'amnistie ou la purge de sa contumace* ; C'EST A LUI SEUL DE DÉTERMINER L'ATTITUDE QU'IL ENTEND PRENDRE A CET ÉGARD », cet organe, qui ne peut être suspect de partialité et de faveur pour l'ancien membre du gouvernement provisoire, ne s'est pas rendu un compte exact du caractère dominateur d'un décret d'amnistie. Différemment, il n'aurait pas émis cette proposition que la solution, dépend du libre arbitre du condamné.

Elle ne dépend ni du condamné, ni de personne.

L'application d'un texte de loi dépend de la loi, et les

questions qu'elle fait naître sont tranchées par les Compagnies judiciaires.

Ce serait donc à la Cour d'assises de la Seine, qui a condamné par contumace M. Ledru-Rollin pour complot contre la vie de l'empereur, de décider si l'art. 1ᵉʳ du décret du 14 août efface cette condamnation, et de le décider sous le contrôle de la Cour de cassation, en cas de pourvoi.

Si oui, — la contumace ne pourrait être purgée ; le jury n'aurait pas à y intervenir.

Si non, — Ledru-Rollin pourrait demander douze jurés et se défendre.

La vérité est-elle dans le oui ou dans le non ?

Un jurisconsulte ne peut raisonnablement hésiter.

Le crime défini par l'art. 89 de nos lois pénales est essentiellement un crime politique.

« On n'a jamais assimilé à des faits exclusivement politiques, dit la note officielle, ceux qui ont pour but l'assassinat de l'empereur ou de tout autre personnage politique. »

Pour affirmer avec cette promptitude une proposition aussi complexe, il faut confondre tout d'abord l'attentat contre la vie avec le complot qui a cet attentat pour but.

L'auteur de la note s'est trop impressionné, et il n'a pas assez réfléchi.

Sans même longtemps réfléchir, s'il se fût donné la peine de lire ces graves dispositions pénales qui prévoient les attentats et les complots contre le chef de l'État et les membres de sa famille, l'auteur de la note aurait ajourné son verdict.

Sans doute, l'attentat contre la vie humaine doit affecter une sanction à part. Cette exception dans la généralité des crimes doit, ce semble, subir une expiation exceptionnelle.

Nos lois frappent, jusqu'à présent, de mort celui qui tue.

L'assassinat, quelle que soit la variété du forfait, est atteint, si des raisons d'atténuation n'interviennent pas, par une peine uniforme, la peine capitale.

Crime différent, peine identique, sans graduation ni modalité, parce que toutes les victimes se valent devant les hommes.

Eh bien! ce n'est qu'en droit commun que cela se passe ainsi.

Chose à méditer et qui démontre bien les préoccupations du législateur. — Quand l'attentat contre la vie s'attaque au chef de l'État, roi ou empereur, la peine de mort revêt un caractère particulier.

C'est alors la peine du parricide.

Pourquoi cette différence, qui entraînait jadis la mutilation? C'est que la vie du monarque importe à la chose publique, comme à la famille la vie de son chef.

C'est que les mobiles de la loi, dans ces hautes régions, sont des mobiles d'un ordre à part, et ils sont exclusivement empruntés à des considérations politiques.

Cela est si vrai que, selon les temps, les régimes, les tendances, les dispositions de cette section spéciale du Code, qui auraient dû demeurer immuables si la note officielle avait raison, ont subi au contraire de sensibles modifications.

La question que nous examinons en ce moment ne peut que gagner à ce que nous les rappelions ici.

On va bien voir que la peine s'aggrave ou s'atténue selon qu'il s'agit de telle ou telle personnalité politique, selon qu'il s'agit du trône ou de ses marches.

Ainsi, d'après l'art. 86 du Code pénal de 1808, l'attentat contre la vie ou contre la personne de l'empereur était puni *comme parricide*, avec confiscation des biens.

Mais, d'après l'art. 87, l'attentat contre la vie ou contre la personne des membres de la famille impériale était puni *de mort*, également avec confiscation.

Vint ensuite la loi du 28 avril 1832.

D'après l'art. 86, l'attentat contre la vie ou la personne du roi était puni de la peine des parricides, — sans confiscation.

L'attentat contre la vie ou contre les personnes membres de la famille royale était puni de mort.

Puis vint la loi des 10-15 juin 1853, et l'art. 86 reçut cette modification profonde : il distingua, quant aux membres de la famille impériale, entre l'attentat contre la vie et l'attentat contre les personnes. L'attentat contre la vie, puni de mort ; l'attentat contre les personnes, puni de la déportation.

Ce n'est pas tout. Si nous faisons un pas de plus, nous voyons le Code de 1832, à la différence de celui de 1808, distinguer entre l'attentat contre la vie ou la personne du monarque, et le complot ayant cet attentat pour but.

Le complot est puni de la déportation ; l'attentat, de la peine du parricide.

La loi de 1853 a conservé cette distinction.

Pourquoi ces nuances? C'est que le droit commun n'est pas ici le siége de la loi.

La politique aggrave ou atténue la rigueur de la sanction, selon que la sûreté de la chose publique paraît être plus ou moins intéressée.

N'est-ce pas dire que l'attentat contre les personnages politiques, pour emprunter les expressions du *Journal officiel*, est un crime politique plus encore qu'un crime privé?

Bien certainement, la conscience proteste avec force contre tout acte, tout attentat qui menace la vie humaine.

Mais, nous ne nous le dissimulons pas, nous admirerions le moraliste qui serait assez absolu, assez rigoureusement maître de lui-même, assez inflexible dans ses jugements, pour ne faire aucune différence entre François Ravaillac et Charlotte Corday.

Nous voudrions que, dans sa virile indignation, il déchirât cette page du livre des *Girondins:*

» Le dévouement coupable de Charlotte Corday est du nombre de ces actes que l'admiration et l'horreur laisseraient éternellement dans le doute, si la morale ne les réprouvait pas. Quant à nous, si nous avions à trouver pour cette sublime libératrice de son pays et pour cette généreuse meurtrière de la tyrannie, un nom qui renfermât à la fois l'enthousiasme de notre émotion pour elle et la sévérité de notre jugement sur son acte, nous créerions un mot qui réunît les deux extrêmes de l'admiration et de l'horreur dans la langue des hommes, et nous l'appellerions l'ange de l'assassinat. »

Quand le chantre des *Méditations* a écrit ces lignes, il a, dans son for intérieur et ses scrupules intimes, défini et nuancé l'attentat politique.

Donc, si la question était de savoir si le décret du 14
août est applicable à l'attentat qu'aurait frappé une peine
rémissible, on devrait la résoudre affirmativement, parce
qu'on pourrait n'y voir qu'un crime politique.

Et qu'on ne vienne pas dire que par cela seul qu'il
s'agirait d'un crime contre la vie, l'amnistie serait im-
possible!

Car ce serait y soustraire du même coup l'attentat prévu par le § 1er de l'art. 91 du Code pénal, c'est-à-dire le
type des crimes politiques[1]. Le décret couvrirait ainsi les
crimes politiques, mais à la condition de ne s'appliquer à
aucun.

Non, il n'est pas exact de prétendre qu'il n'y a de
crime exclusivement politique, en somme, que là où la
vie humaine n'a pas été atteinte ou menacée. Cette doc-
trine n'a jamais fait fortune.

C'est ainsi qu'en 1817, la Cour de cassation, appliquant
l'amnistie de 1816, cassa un arrêt de la *Cour royale du
Gard*, qui en avait refusé le bénéfice dans une espèce où
les condamnés avaient fait cependant plusieurs victimes:

«Attendu, disait la Cour suprême, que les faits déclarés
constants par l'arrêt attaqué sont que, le 8 juillet 1815, une
troupe armée, composée de fédérés, de militaires et de gen-
darmes, au nombre d'environ deux cents, commandés par
quatre chefs, dont l'un était le recourant, se porta d'abord
sur Sorgues pour y faire réarborer le drapeau tricolore, et
qu'y étant entrée, elle tira des coups de fusil sur des jeunes
gens qui n'en furent pas atteints; que conséquemment, son

---

[1] Art. 91. L'attentat dont le but sera d'exciter la guerre civile en ar-
mant ou en portant les citoyens ou habitants à s'armer les uns contre les
autres, ........ sera puni de mort.....

but, dans cette première excursion, fut de protéger et de maintenir la rébellion et l'usurpation de Napoléon Bonaparte ;

»Que de là, se dirigeant, dans la même intention, sur Entraigues, elle rencontra, avant d'y arriver, le nommé Labrasse, portant une cocarde blanche, le maltraita, par l'ordre de ses chefs, lui donna plusieurs coups de crosse de fusil et un coup de baïonnette, dont il fut renversé par terre tout ensanglanté ;

»Qu'ayant ensuite pénétré par plusieurs points dans la ville d'Entraigues, il y eut entre elle et les habitants une lutte durant laquelle cette troupe tira un grand nombre de coups de fusil, de l'un ou de plusieurs desquels le *nommé Philip fut tué et la femme Trémaillon grièvement et dangereusement blessée*, et qu'à la suite de cette lutte le drapeau tricolore fut arboré ;

»Que par conséquent, l'entrée effectuée et les actes commis dans Entraigues, comme dans Sorgues, eurent aussi pour objet le maintien de la rébellion et l'usurpation de Napoléon Bonaparte, puisqu'ils présentaient également les caractères d'une entreprise tendant à aider et à favoriser cette rébellion et cette usurpation ;...

»Attendu qu'en prononçant, à raison de ces faits couverts par l'amnistie, la mise en accusation du recourant, la Cour royale du Gard a violé les dispositions de la loi du 12 janvier 1816, casse... »

Dans le système de la note officielle du 26 août, ces faits n'auraient pu être considérés comme exclusivement politiques, à cause du meurtre *du nommé Philip*.

La note officielle proposerait-elle une distinction prise de ce que ce Philip n'était qu'un simple citoyen, un simple habitant d'Entraigues, et non pas un personnage politique ? mais ce serait là un étrange raisonnement !

En effet, cela reviendrait à dire que le crime cesse d'être politique pour rentrer dans le droit commun, quand le personnage, objet ou victime de l'attentat, est un personnage politique.

Il serait singulier que le caractère politique du personnage fît perdre précisément à l'attentat sa couleur politique.

La raison et la logique en désespéreraient.

Mais s'agissait-il bien, dans l'arrêt de la Cour d'assises de la Seine qui condamna Ledru-Rollin, d'un attentat contre la vie ou la personne ? Non.

Il ne s'agissait ni de l'attentat prévu par l'art. 86 du Code pénal, ni de la tentative que l'art. 88 assimile à l'attentat lui-même, mais seulement du complot prévu par l'art. 89, et que la loi punit de la déportation.

Ici la question ne peut faire doute ; et véritablement l'auteur de la note officielle a tout perdu de vue.

Le complot est un crime essentiellement politique.

Il l'est par l'intention, par le résultat proposé.

Aussi bien la loi ne fait aucune distinction entre le complot qui a pour but l'attentat contre la vie et la personne du monarque, et celui qui a pour but de changer ou de détruire le gouvernement, ou l'ordre de successibilité au trône, ou d'exciter les citoyens à s'armer contre l'autorité impériale…, etc…

Dans tous ces cas, la peine du complot est la même, celle de la déportation.

Elle ne varie pas en raison du but qui sert de mobile à l'action.

Serait-il donc possible d'appliquer l'amnistie dans telle ou telle de ces hypothèses, et de la refuser dans telle ou telle autre ?

Manifestement, non.

L'art. 89 proteste contre toute distinction de ce genre.

C'est qu'il fait du complot, dans toutes ses acceptions,

un crime de même nature, de même caractère..., un crime politique.

En aucun temps on ne s'y est mépris.

Vers 1822, M. Guizot écrivait :

« La plupart des crimes politiques sont des complots ; les accusations maintenant entamées le prouvent... Communément, l'autorité n'est pas surprise, ici, comme en matière de crimes privés, par un délit imprévu, ignoré, qui ne se révèle que par sa consommation, et dont il ne reste qu'à rechercher l'auteur. Elle assiste au contraire à la naissance du crime, elle le voit du moins au berceau...» (Guizot ; *De la peine de mort en matière politique.*)

Ces observations d'une exactitude juridique saisissante, et qui distinguent si bien le complot de l'attentat et même de la tentative ou du commencement d'exécution, rendent d'autant plus sensible cette vérité que : si le complot ne rentrait pas dans les prévisions d'un décret qui amnistie les crimes politiques, il n'est pas de crime politique auquel ce décret pût s'appliquer.

Voilà pour le complot en général.

Maintenant, si l'on se met en présence du complot de 1857, celui de Tibaldi, Grilli et Bartolotti, où fut incidemment mêlé le nom de Ledru-Rollin, le doute est alors une offense au bon sens.

Nous avons rouvert *le Moniteur* de l'époque.

Voici le cadre que donnait à ce complot le préambule de l'acte d'accusation du 18 juillet 1857 :

« Le parti révolutionnaire n'a point abandonné ses projets et ses espérances. Vaincu dans les luttes à main armée, répudié par la France dans l'épreuve solennelle de plusieurs scrutins ouverts au suffrage universel, il serait réduit à l'impuissance s'il savait s'incliner devant le droit et la volonté du pays.

» Londres est le séjour choisi par quelques-uns des démagogues les plus compromis. Là s'est formé, on le sait, une espèce de congrès insurrectionnel, où des hommes appartenant aux nationalités les plus diverses sont venus mettre en commun leurs haines et leurs passions. L'empereur Napoléon III est le principal objet de ces passions et de ces haines, *parce qu'il est le représentant le plus glorieux et le plus ferme du principe d'autorité... etc... (Moniteur du 7 août.)*

Le rédacteur de cet acte d'accusation n'aurait pu prévoir que l'on se demanderait sérieusement, un jour, si le complot qu'il caractérisait ainsi était bien un crime exclusivement politique.

Mais la Cour d'assises de la Seine qui, par contumace, condamna Ledru-Rollin à la peine de *la déportation*, aurait encore moins pu le prévoir, si c'est possible [1].

Car si le complot est par sa nature un crime politique, il l'est — surtout par la peine qui s'y applique.

La déportation, la détention qui n'en est que la dégénérescence atténuée, ne sont pas des peines de l'ordre commun ; ce sont des peines purement politiques.

Et ceci est décisif.

---

[1] C'est la Cour d'assises de la Seine qui vient de rendre l'arrêt Lachâtre. Elle a considéré « que dans les appréciations de la cause, les faits qui ont motivé le renvoi de l'accusé Lachâtre devant elle se sont produits *sous l'influence d'une manifestation politique à laquelle il faut en attribuer l'origine et la cause.* » — Or il s'agissait de violences exercées contre la personne d'un magistrat.

Ce n'est pas devant cette Cour qu'il serait permis de soutenir qu'il n'y a de crimes politiques amnistiés que les crimes purement et *exclusivement* politiques

D'autant plus décisif que cette proposition est incontestable.

Elle a reçu la consécration de la Cour régulatrice.

Ainsi, en 1849, à l'occasion des troubles de Rouen, l'on s'était demandé quelle peine il fallait appliquer, à défaut de la peine de mort, abolie en matière politique par la Constitution de 1848.

La Cour d'assises de Rouen, se basant sur ce que l'art. 7 du Code pénal plaçait la peine des travaux forcés à perpétuité immédiatement après la peine capitale, avait condamné aux travaux forcés l'accusé d'un crime politique.

Cet arrêt fut cassé.

Les motifs qui entraînèrent l'arrêt de la Cour suprême sont bons à retenir ici.

Ils ont toute la valeur d'une démonstration sans réplique.

Les voici :

« Attendu, en droit, que l'art. 5 de la Constitution, portant : « La peine de mort est abolie en matière politique », a pour effet, non de *supprimer*, mais de *modifier* la pénalité à l'égard des crimes capitaux de ce genre ; que sa conséquence virtuelle et nécessaire est de remplacer la peine de mort par celle qui vient exactement après dans l'échelle des pénalités de ces sortes de crimes ;...

...»Mais attendu que les art. 7 et 8 du Code pénal n'ont pour objet que de présenter la nomenclature des peines criminelles existantes, et non d'en former une échelle unique qui les graduât suivant leur ordre de classification, sans distinction de leur nature ;

» Qu'au contraire, l'esprit général du Code pénal a été de distinguer *entre les crimes politiques et les crimes communs, et d'appliquer une nature de peine particulière à l'une de ces catégories, quand la peine capitale n'était pas prononcée ;*

» Que cette pensée a reçu une nouvelle consécration et un développement nouveau du travail de révision du même Code opéré en 1832 ;

» Que d'abord, la loi du 28 avril 1832 a créé une nouvelle peine politique, la détention de cinq à vingt ans, afin de rendre plus facile et plus complète la graduation du châtiment comparé à la gravité du fait incriminé ;

» Que, par suite, l'échelle des peines criminelles, *en matière politique*, au-dessous de la mort, se trouve ainsi formée : *la déportation, la détention, le bannissement et la dégradation civique*; que c'est toujours en effet l'une ou l'autre de ces peines que le Code actuel prononce contre les auteurs *de crimes politiques, non mélangés d'éléments de crimes communs*, sans que ces mêmes peines, sauf, en certains cas, la dégradation civique, soient jamais appliquées aux crimes ordinaires, auxquels sont réservés les travaux forcés à perpétuité ou à temps et la réclusion ;

» Qu'il résulte clairement de ce qui précède que le législateur de 1832 a entendu fonder un système complet de pénalité politique, différent du système de la pénalité applicable aux crimes ordinaires ; qu'il a soustrait *le coupable d'un crime purement politique aux peines du droit commun*, et qu'il a voulu que, quand la peine de mort serait écartée, on descendît *aux peines politiques inférieures* ;

» Que, par suite de ce principe, la suppression de la peine de mort en matière politique, décrétée par la Constitution, sans que le législateur se soit expliqué sur la peine à substituer, a fait virtuellement dégénérer la répression en déportation.» 3 février 1849.

Ainsi — de par la Cour de cassation, la peine de la déportation ne peut s'appliquer taxativement qu'aux crimes purement politiques, sans mélange de délits ou de crimes communs.

La conséquence est forcée. La condamation à la peine de la déportation implique un crime politique, rien que politique.

C'est à la déportation que M. Ledru-Rollin a été condamné : — il est donc condamné pour crime politique.

Il est, par suite, amnistié, qu'il le veuille ou ne le veuille
pas, c'est-à-dire qu'il ne peut purger sa contumace.

La poursuite elle-même s'évanouit devant le Décret du
14 août.

L'oubli couvre l'arrêt et la poursuite.

Qui pourrait s'en plaindre !

Quand on parcourt *le Moniteur* du mois d'août 1857
et que l'on recherche, à travers les déclarations équivo-
ques de Grilli et de Bartolotti, les charges de l'accusation
dirigée contre Ledru-Rollin, on est bien près de formuler
cette conclusion, que personne ne peut se plaindre de la
solution qu'impose l'art. 1er du Décret d'amnistie, que
M. Ledru-Rollin lui-même